CONTENTS

목차

활용가이드

구성

1과
아브라함, 하나님과 함께 떠나다!

• 본문말씀 / 6컷 만화

성경 이야기를 올바르게 이해하기 위해 성경을 찾아 천천히 읽습니다. 공과의 내용을 뚜렷하게 알려주는 중심 구절도 반복해서 읽고 묵상하도록 합니다. 본문 말씀의 핵심이 되는 6컷 만화는 역할을 맡아 읽거나 플래시 애니메이션을 보면 더욱 재미있게 읽을 수 있습니다. 만화 속에서는 말씀 다지기의 답(빨간 글씨)도 찾을 수 있도록 표시되어 있습니다.

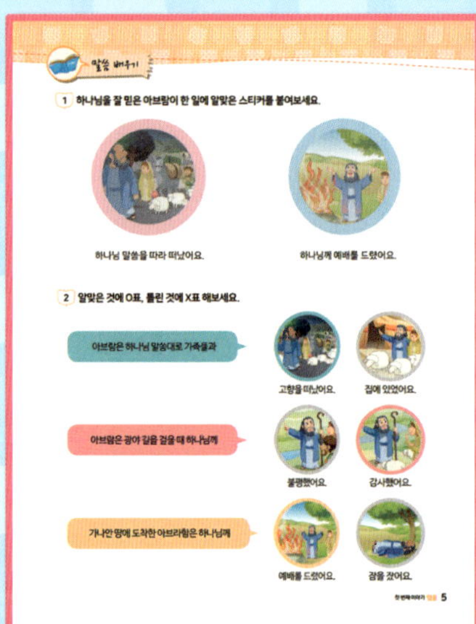
1 하나님을 잘 믿은 아브라함이 한 일에 알맞은 스티커를 붙여보세요.
하나님 말씀을 따라 떠났어요.
하나님께 예배를 드렸어요.
2 알맞은 것에 O표, 틀린 것에 X표 해보세요.
아브라함은 하나님 말씀대로 가족과
고향을 떠났어요.
집에 있었어요.
아브라함은 길이 길을 갈 때 하나님께
불평했어요.
감사했어요.
가나안 땅에 도착한 아브라함은 하나님께
예배를 드렸어요.
잠을 잤어요.

• 말씀배우기

읽고 쓰기가 어려운 학생들을 위한 질문입니다. 스티커 붙이기, 알맞은 것에 O표 하기, 틀린 것에 X표 하기, 따라쓰기의 질문으로 구성되어 있어 성경말씀에 쉽게 접근할 수 있습니다. 질문은 수준별로 나뉘어 있어 학생 수준에 따라 학생이 풀 수 있는 질문까지 풀도록 합니다.

1 하나님의 떠나라는 명령에 아브라함은 어떻게 했는지 O표 해보세요.
"싫어요."
"네, 떠나겠습니다."
"여기서 살래요."
2 빈칸에 알맞은 답을 적어보세요.
3 하나님이 아브라함에게 뭐라고 말씀하셨는지 쓰거나 선생님을 따라서 말해보세요.
네게 보여주는 땅으로 가라.

• 말씀다지기

읽고 쓰기가 가능한 학생들을 위한 질문입니다. 질문을 읽고 알맞은 답에 O표 하기, 빈칸에 답 적기, 장문 쓰기로 구성되어 있어 심화된 수준으로 성경말씀에 접근할 수 있습니다. 질문은 수준별로 나뉘어 있어 학생 수준에 따라 풀 수 있는 질문까지 풀도록 하되, 학생의 특성과 능력에 따라 정답을 보고 따라 적거나 말하는 방법으로 풀이방법을 대체하여 학생이 더욱 적극적으로 참여하도록 합니다.

활용가이드

구성

• 활동하기

미로찾기, 색칠하기, 색종이 찢어 붙이기, 편지쓰기 등 다양한 활동들로 핵심 내용을 학습하도록 구성하였습니다. 학생들의 수준에 따라 활동의 난이도를 교사가 조절하여 학습능력을 최대로 이끌어 줄 수 있도록 구성하였습니다. 갓스토리의 활동하기는 부드러운 색조를 사용하여 최고의 학습 효과를 이끌어 냅니다.

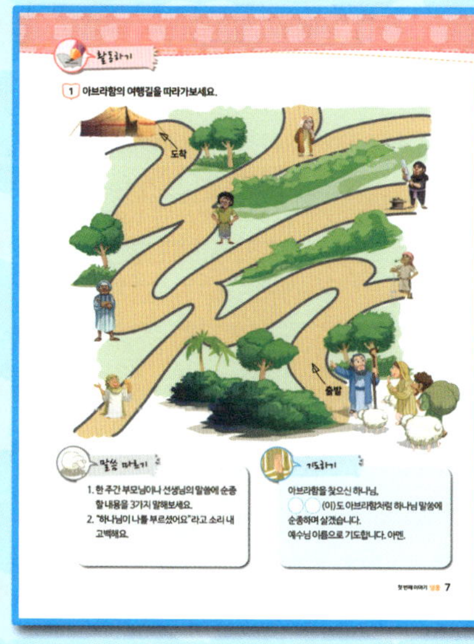

• 특별활동

4과, 9과, 13과에는 특별활동으로 구성되어 공과를 지루하지 않도록 이끌어 줍니다.(액자 만들기, 믿음의 마이크 만들기, 복음책 만들기) 해당 과의 중심된 내용으로 구성하여 학생들이 핵심 단어나 내용을 마음으로 이해할 수 있도록 오감을 자극하는 만들기로 구성하였습니다. 한 번 만들고 버리지 않는 한장연의 아주 특별하고 재미있는 활동으로 공과를 진행합니다.

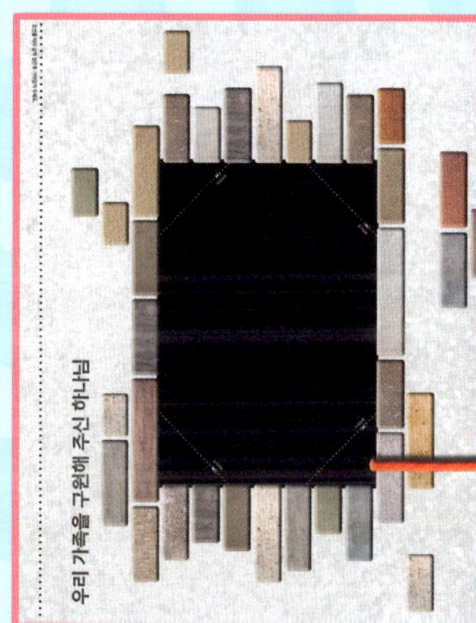
우리 가족을 구원해 주신 하나님

• 말씀따르기 / 기도하기

학습한 내용을 일상생활에 적용하도록 학생과 약속하는 시간입니다. 말씀 따르기가 예배시간 외의 시간과 장소에서도 이루어질 수 있도록 함께 다짐하고 점검하도록 합니다. 그리고 생활에 적용을 위해 그 날에 배운 공과를 기억하고 하나님 말씀대로 살 수 있도록 기도문을 함께 읽고 기도하며 공과를 마칩니다. 마무리와 함께 학생을 향한 교사의 격려와 응원을 덧붙인다면 최고의 공과가 될 것입니다.

1과 아브라함, 하나님과 함께 떠나다!

본문말씀 : 창세기 12장 1절~8절

중심구절 : 내가 너를 큰 민족으로 만들고 네게 복을 주어 네 이름을 크게 할 것이니 네가 복의 근원이 될 것이다. (창세기 12장 2절)

아브람아!
네게 보여주는 땅으로 가라.
그러면 내가 너를
큰 민족으로 만들고 큰 복을 주겠다.
여길 떠나라고요?

① 하나님이 나쁜 사람들과 함께 살던 아브람을 찾아와서 놀라운 말씀을 해주셨어요.

주인님! 어디로 가시는 거에요?
자! 모두 나를 따라오너라! 하나님이 가르쳐주시는 곳으로 가자!

② 아브람은 어디로 가야 되는지 잘 알지 못했지만 하나님 말씀을 따르기로 했어요.

여보, 이제 다 왔네요! 힘든 여행이었어요.
드디어 다 왔구나! 봐라, "저 곳이 하나님이 약속하신 땅이다."

③ 아브람은 광야를 걸으며 힘들었지만 하나님의 약속을 믿고 가나안 땅에 도착했어요.

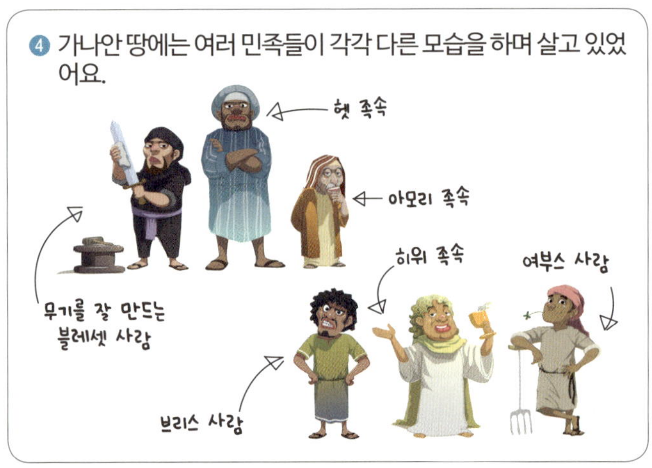
헷 족속
아모리 족속
히위 족속
여부스 사람
무기를 잘 만드는 블레셋 사람
브리스 사람

④ 가나안 땅에는 여러 민족들이 각각 다른 모습을 하며 살고 있었어요.

아브람아, 내가 이 땅을 네 자손들에게 주겠다! 이제부터 너의 이름은 아브라함이다.
여호와 하나님! 우리의 예배를 받아주세요!

⑤ 아브람은 돌로 제단을 쌓고 오직 하나님께 예배를 드렸어요.

하나님 말씀 따라왔더니 정말 좋은 곳이네요.
하나님을 함께 찬양합시다. 하하하!

⑥ 아브라함은 사람들을 떠나 산에 천막을 치고 살며 여호와 하나님을 찬양했어요.

단어 풀이 민족 같은 나라 사람들 | 복 하나님이 주시는 행복

말씀 배우기

1 **하나님을 잘 믿은 아브람이 한 일에 알맞은 스티커를 붙여보세요.**

하나님 말씀을 따라 떠났어요.

하나님께 예배를 드렸어요.

2 **알맞은 것에 O표, 틀린 것에 X표 해보세요.**

아브람은 하나님 말씀대로 가족들과

고향을 떠났어요.

집에 있었어요.

아브람은 광야 길을 걸을 때 하나님께

불평했어요.

감사했어요.

가나안 땅에 도착한 아브라함은 하나님께

예배를 드렸어요.

잠을 잤어요.

말씀 다지기

1 하나님의 떠나라는 명령에 아브라함은 어떻게 했는지 O표 해보세요.

"싫어요."

"네, 떠나겠습니다."

"여기서 살래요."

2 빈칸에 알맞은 답을 적어보세요.

1. 아브람을 찾아와서 말씀하신 분은 누구인가요? □□□
2. 하나님은 아브람에게 무엇을 명령하셨나요? □□□□ □ 으로 가라.
3. 고향을 떠나라는 하나님의 말씀을 듣고 아브라함은 어떻게 했나요? □□□ 로 했어요.
4. 아브라함이 하나님 말씀에 따라 도착한 곳은 어디였나요? □□□ 땅
5. 아브라함은 가나안에 도착해서 가장 먼저 무엇을 했나요? 하나님께 □□ 를 드렸어요.

정답 1. 하나님 2. 보여주는 땅 3. 따르기 4. 가나안 5. 예배

3 하나님이 아브람에게 뭐라고 말씀하셨는지 쓰거나 선생님을 따라서 말해보세요.

네게 보여주는 땅으로 가라.

활동하기

1 아브라함의 여행길을 따라가보세요.

말씀 따르기

1. 한 주간 부모님이나 선생님의 말씀에 순종할 내용을 3가지 말해보세요.
2. "하나님이 나를 부르셨어요"라고 소리 내 고백해요.

기도하기

아브라함을 찾으신 하나님,
◯◯(이)도 아브라함처럼 하나님 말씀에 순종하며 살겠습니다.
예수님 이름으로 기도합니다. 아멘.

2과 모세, 부르심에 대답하다!

본문말씀 : 출애굽기 3장 1절~14절
중심구절 : 여호와께서 모세가 자세히 보러 오는 것을 보시고 떨기나무 가운데서 "모세야 모세야!"하고 부르셨습니다. 그러자 모세는 "제가 여기 있습니다!"하고 대답했습니다.(출애굽기 3장 4절)

① 요셉이 죽은 후에 이집트에는 나쁜 바로 왕이 나타났어요.
이스라엘 백성들을 모두 노예로 삼아라!
네! 알겠습니다!
② 바로 왕의 신하들은 이스라엘 백성들에게 많은 일을 시켰어요.
이스라엘 놈들, 잔머리 굴리지 말고 열심히 일 해!
아이쿠… 너무 힘들어….
③ 노예살이를 하던 이스라엘 백성들은 너무 힘들어서 하나님께 기도 드렸어요.
이집트에서 나갈 수 있게 도와주세요.
하나님, 너무 힘들어요. 우리를 구해주세요!
④ 하나님은 이스라엘 백성들을 구원하기 위하여 모세를 부르셨어요.
모세야, 모세야!
제가 여기 있습니다.
⑤ 하나님은 모세에게 이스라엘을 구원해낼 것이라고 말씀하셨어요.
이스라엘 백성들에게 너희들을 이집트에서 구원해 낼 것이라고 말해라!
하나님이 나를 보내셨다고 말해도 이스라엘 사람들이 나를 믿지 않을 거예요.
⑥ 하나님은 자신이 누구인지 모세에게 똑똑히 알려주셨어요.
그러면… 하나님이 누구시라고 전하죠?
나는 스스로 있는 자 니라.

단어 풀이 모세 하나님이 세우신 사람(물에서 건져냄) | 떨기나무 사람의 키보다 작은 나무

말씀 배우기

1 힘들어하던 이스라엘 백성들이 하나님께 드린 기도를 스티커로 붙여보세요.

2 하나님이 모세에게 뭐라고 말씀하셨는지 따라 써보세요.

이스라엘 백성들에게
너희들을 이 집 트 에서
구 원 해낼 것이라고 말해라!

말씀 다지기

1 하나님이 모세를 부르셨을 때 모세가 뭐라고 대답했는지 O표 해보세요.

"이게 무슨 소리지?"

"제가 여기 있습니다."

"깜짝이야!"

2 빈칸에 알맞은 답을 적어보세요.

1. 이스라엘 백성들을 노예로 삼은 나쁜 왕의 이름은 무엇인가요? ☐☐☐
2. 이스라엘 백성들은 누구에게 기도를 드렸나요? ☐☐☐
3. 하나님은 이스라엘 백성들을 구원하기 위하여 누구를 부르셨나요? ☐☐
4. 하나님은 모세에게 누구를 구원한다고 하셨나요? ☐☐☐☐ ☐☐
5. 하나님은 모세에게 자신을 누구라고 알려주셨나요? ☐☐☐ ☐☐ ☐

정답 1. 바로 왕 2. 하나님 3. 모세 4. 이스라엘 백성 5. 스스로 있는 자

3 모세는 하나님께서 부르셨을 때 뭐라고 대답하였는지 쓰거나 선생님을 따라서 말해보세요.

모세야, 모세야!

제가 여기 있습니다.

활동하기

1 **부르심에 대답한 모세를 색칠해보세요.**

말씀 따르기

1. 하나님이 나의 기도에 응답한 일이 있다면 이야기해 보세요.
2. "하나님, 제가 여기 있습니다." 라고 소리내어 고백해요.

기도하기

이스라엘 백성에게 모세를 보내주신 하나님, ◯◯ (이)를 구원하기 위해 예수님을 보내주셔서 감사합니다. 예수님 이름으로 기도합니다. 아멘.

3과 노아, 방주를 만들다!

본문말씀 : 창세기 6장~7장

중심구절 : 하나님께서 사람으로부터 짐승까지, 기는 것으로부터 하늘의 새까지 지면에 있던 모든 존재를 쓸어 버리셨습니다. 오직 노아와 방주에서 그와 함께 있던 사람들과 짐승만 살아남았습니다. (창세기 7장 23절)

이런… 내가 만든 사람들이 나쁜 짓만 하고
사니 마음이 아프구나. 나는 모든 사람들과
땅의 것들을 다 쓸어버리겠다.

① 하나님은 날마다 나쁜 짓만 하고 있는 사람을 모두 심판하기로 하셨어요.

하나님께서 우리를 살리시려고 높은 산 위에 방주를 지으라고 말씀하셨소.

② 하나님은 의인인 노아와 그 가족은 살리기로 하셨고, 노아에게 방주를 지으라고 말씀하셨어요.

뚝딱!! 뚝딱!!
저 바보들 좀 봐! 산에서 배를 만들고 있어! 푸하하하.

③ 노아는 하나님이 가르쳐 주신대로 산에서 열심히 방주를 만들었어요.

드디어 방주가 완성되었다! 깨끗한 동물들은 암수 일곱 쌍씩 타고, 깨끗하지 않은 동물은 암수 두 쌍씩 타거라!

④ 그리고 하나님이 가르쳐 주신대로 온갖 동물들을 방주 안에 태웠어요.

쏴~악! 우르릉 쿵쾅!
아… 아버지! 밖에 큰 비가 엄청 쏟아지고 있어요! 빨리 와 보세요!

⑤ 하나님은 노아와 동물들이 모두 방주 안에 들어가자 큰 비를 내리셨어요.

하나님께서 우리를 구원하셨으니 감사예배를 드리자!
하나님, 저희 가족을 구원해 주셔서 감사합니다.

⑥ 하나님은 방주를 통해 노아와 그 가족들을 보호해 주셨어요.

단어 풀이 방주 노아와 그 가족을 보호하기 위해 만든 배 | 홍수 한꺼번에 많이 내리는 비

말씀 배우기

1 **방주에 누가 탔는지 스티커를 붙여보세요.**

2 **알맞은 것에 O표, 알맞지 않은 것에 X표를 해보세요.**

노아가 살던 때에 사람들은  나쁜 짓  착한 일 만 했어요.

노아는 산에  방주  비행기 를 만들었어요.

하나님은 노아가 방주에 타자  큰비  가뭄 를 내리셨어요.

말씀 다지기

1 노아와 가족들이 살 수 있었던 이유를 O표 해보세요.

말씀따라 방주를 만들었기 때문이에요.

나쁜 짓만 했기 때문이에요.

2 빈칸에 알맞은 답을 적어보세요.

1. 노아가 살던 때에 사람들은 ☐☐ ☐만 하고 살았어요.
2. 하나님은 오직 ☐☐와 그 가족에게 은혜를 베푸셨어요.
3. 노아는 ☐☐☐이 가르쳐주신 대로 산에 방주를 만들었어요.
4. 하나님은 노아와 동물들이 모두 ☐☐안에 들어가자 큰 비를 내리셨어요.

정답 1. 나쁜 짓 2. 노아 3. 하나님 4. 방주

3 나와 가족들을 보호해 주신 하나님께 감사편지를 쓰거나 그림으로 표현해보세요.

하나님, 감사합니다.

활동하기

1 **방주에 들어간 동물들을 색칠해보세요.**

말씀 따르기

1. 하나님을 모르는 가족이나 친구가 있다면 그 사람의 이름을 적어보고 그 사람을 위해 기도해요.
2. “하나님이 나를 구원해 주셨어요"라고 소리 내어 고백해요.

기도하기

하나님 말씀대로 순종하여
방주를 만든 노아처럼 ◯◯(이)도
하나님 말씀따라 살겠습니다.
예수님 이름으로 기도합니다. 아멘.

4과 라합, 믿음으로 가족을 구하다!

본문말씀 : 여호수아 2장 1~24절

중심구절 : 이제 여호와를 두고 내게 맹세해 주십시오. 내가 당신들에게 자비를 베풀었으니 당신들도 내 아버지의 집에 자비를 베풀어주십시오. 그리고 내게 확실한 징표를 주십시오. (여호수아 2장 12절)

① 하나님의 사람 여호수아는 여리고성을 빼앗기 위하여 정탐꾼을 보냈어요.
너희 둘은 여리고성을 살피고 오너라!
네, 알겠습니다! 충성!

② 정탐꾼은 여리고성의 여러 곳을 살피고 라합의 집으로 갔어요.
흠… 성의 높이는 9m는 되겠어… 두께는 안팎 합쳐서 20m인데?
안에 들어가서 지도를 좀 더 자세히 그려야겠어! 들키기 전에 어서 가자!

③ 군인들은 라합의 집에 정탐꾼들이 왔다는 이야기를 듣고 찾아왔어요.
이곳에 정탐꾼들이 있소?
사실은 숨겨주었지.
저쪽으로 가는 걸 봤어요.

④ 라합은 가족을 구하기 위하여 믿음으로 정탐꾼과 약속을 했어요.
하나님을 믿는 당신들이 여리고성을 쳐서 이기면 나와 가족들을 꼭 살려주세요!
우리가 쳐 들어오면 붉은 줄을 창문에 매어두시오. 그러면 당신과 가족들은 살 것이오!

⑤ 하나님의 사람 여호수아는 정탐꾼을 앞세워 여리고 성을 공격했어요.
창문에 붉은 줄이 매여 있는 집은 살려두어라!
와아아! 하나님이 우리에게 여리고성을 주셨다! 모두 쳐부수어라!

⑥ 여리고 성은 무너졌고 라합과 그 가족은 믿음의 약속대로 살아남았어요.
하나님, 우리 가족을 살려주셔서 감사합니다!
당신 덕분에 우리가 이길 수 있었소. 정말 고맙소.

단어 풀이 정탐꾼 몰래가서 살펴보는 사람 | 징표 눈으로 볼 수 있는 것

우리 가족을 구원해 주신 하나님

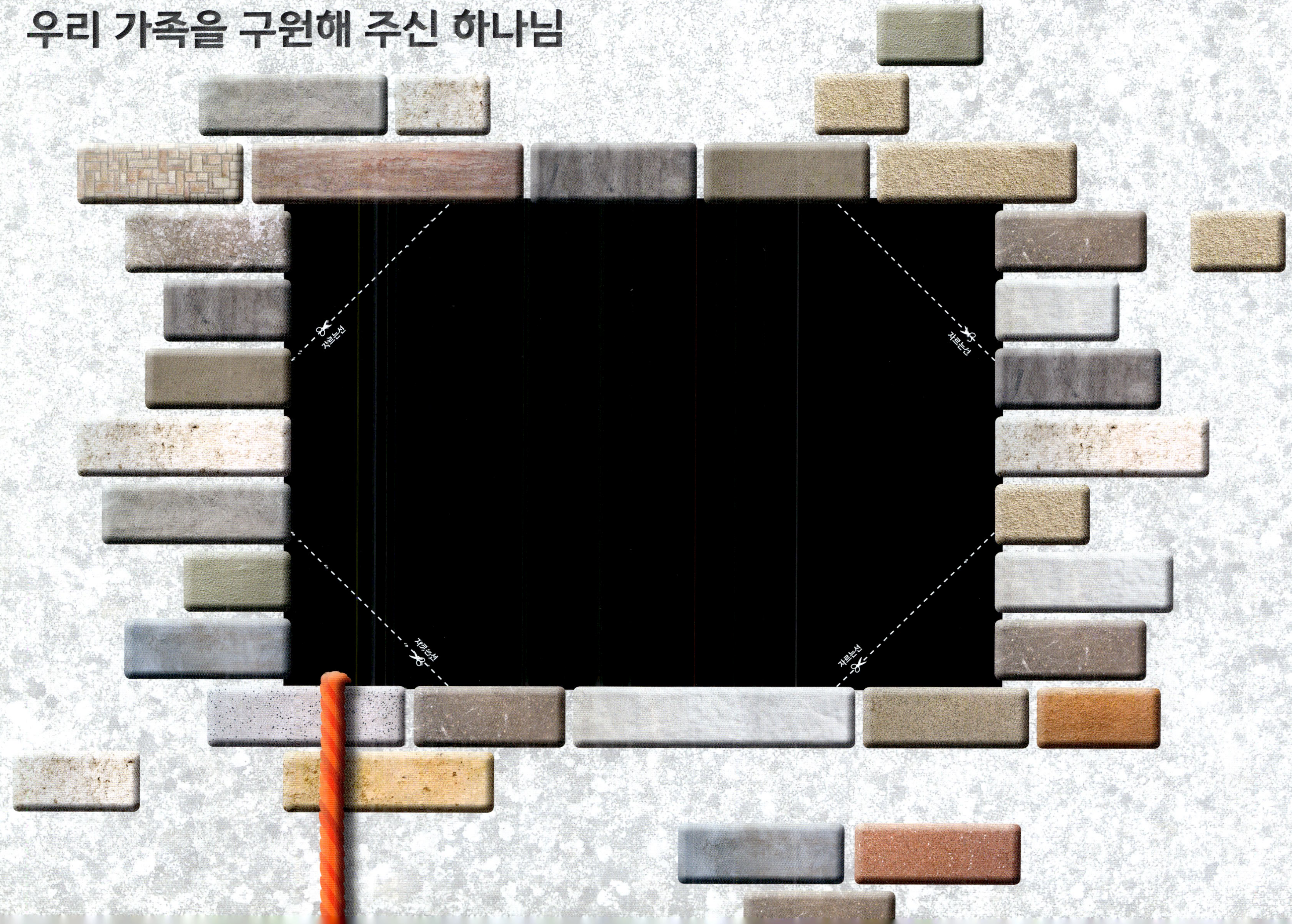

말씀 배우기

1 믿음으로 붉은 줄을 매는 라합을 스티커로 붙여보세요.

말씀 다지기

2 빈칸에 알맞은 답을 적어보세요.

1. 여호수아는 여리고성을 빼앗기 위해 누구를 보냈나요? □□□
2. 정탐꾼이 왔다는 이야기를 듣고 누가 정탐꾼들을 숨겨주었나요? □□
3. 정탐꾼들은 라합에게 무엇을 창문에 매어두라고 약속하였나요? □□ □
4. 여리고 성이 무너졌을 때, 라합과 그 가족은 어떻게 되었나요? □□ □□□□.
5. 라합과 그 가족을 살려주신 분은 누구인가요? □□□

정답 1. 정탐꾼 2. 라합 3. 붉은 줄 4. 살아남았어요 5. 하나님

말씀 따르기

1. 우리 가족의 이름을 카드에 적어놓고 하루에 한 번씩 가족을 위해서 기도해요.

____

기도하기

하나님, ○○ (이)와 ○○ (이) 가족들도 믿음을 고백하고 구원받는 가족이 되게 해주세요. 예수님 이름으로 기도합니다. 아멘.

5과 여호수아, 믿음으로 강을 건너다!

본문말씀 : 여호수아 3장 1~17절

중심구절 : 백성에게 명령했습니다. "너희가 너희 하나님 여호와의 언약궤와 레위 사람들인 제사장들이 그 궤를 메고 가는 것을 보면 너희는 너희가 있던 곳을 떠나 그 궤를 따라가라. (여호수아 3장 3절)

① 여호수아가 백성들을 이끌고 가나안 땅에 가던 중 요단강 앞에 멈추어 섰어요.
멈춰라! 이곳에서 짐을 풀고 며칠 쉬었다 갈 것이다.
네. 알겠습니다.

② 여호수아가 요단강 앞에서 하나님께 기도하자 하나님이 대답하셨어요.
하나님! 요단강을 어떻게 건너가야 하죠? 도와주세요!
내가 너와 함께하며 너를 높일 것이다. 너희는 요단강에 서서 나의 말을 들어라!

③ 여호수아는 하나님이 알려주신 대로 백성들에게 전했어요.
제사장들이 언약궤를 메고 요단강에 발을 담그면 물이 멈출 것이다!
네에? 흐르던 물이 멈춘다고요?

④ 제사장들은 여호수아의 지시에 따라 하나님 말씀대로 강을 건너가기로 했어요.
하나님의 말씀을 믿고 강을 건너갑시다!
좋소! 믿음으로 건너갑시다! 하나님! 도와주세요!

⑤ 언약궤를 멘 제사장들이 강물을 밟자 물이 멈춰섰어요. 그러자 백성들이 마른 땅을 밟고 강을 건넜어요.
이럴 수가... 강 가운데를 걸어서 가고 있다니! 믿을 수가 없어.
아....아니, 흐르던 강물이 멈췄다! 만세!

⑥ 믿음으로 강을 건너간 여호수아와 백성들은 하나님을 찬양했어요.
이거 꿈 아니지? 진짜 맞지? 강물을 멈추게 하신 하나님, 감사합니다!
하나님, 만세! 만세! 드디어 가나안 땅이다!

단어 풀이 여호와의 언약궤 거룩하게 여기는 나무상자 | 제사장 종교 지도자

말씀 배우기

1 요단강을 건너는 제사장을 꾸며보세요.

2 그림을 보고 알맞은 말을 따라 써보세요.

여	호	수	아

언	약	궤

요	단	강

말씀 다지기

1 여호수아는 요단강 앞에서 무엇을 했는지 O표 해보세요.

기도했어요.

울었어요.

화를 냈어요.

2 빈칸에 알맞은 답을 적어보세요.

1. 요단강 앞에서 여호수아는 제일 먼저 누구에게 기도했나요? ☐☐☐
2. 하나님은 여호수아에게 무엇을 하라고 응답하셨나요? ☐☐☐ 에 서서 나의 말을 들어라.
3. 제사장들은 무엇을 메고 강에 들어갔나요? ☐☐☐
4. 언약궤를 메고 강에 들어갔을 때 무슨 일이 생겼나요? 흐르던 강물이 ☐☐☐.
5. 요단강을 건넌 이스라엘 백성들은 무엇을 했나요? 하나님을 ☐☐ 했어요.

정답 1. 하나님 2. 요단강 3. 언약궤 4. 멈췄다 5. 찬양

3 이스라엘 백성들이 하나님께 감사하는 말을 쓰거나 선생님을 따라서 말해보세요.

강을 건너게 해 주서서 감사합니다.

활동하기

1 멈춰진 요단강에 색종이를 찢어 붙여보세요.

말씀 따르기

1. 지금 내가 가장 힘든 일은 무엇인지 생각해 보고 말해보세요.
2. 일주일 동안 하나님이 나를 도와주신 일들이 생길 때마다 선생님과 함께 문자로 나누어요.

기도하기

하나님, ◯◯(이)도 여호수아처럼 힘든 일이 있을 때 하나님께 기도하고 도전하는 친구가 되도록 믿음을 더해주세요. 예수님 이름으로 기도합니다. 아멘.

6과 다윗, 사랑을 고백하다!

본문말씀 : 시편 23편
중심구절 : 여호와는 내 목자시니 내게 부족한 것이 없습니다. (시편 23편 1절)

① 다윗은 그 무엇보다도 하나님을 최고로 사랑한다고 말했어요.
양을 치는 다윗은 하나님이 좋은가봐!
여호와 하나님은 나의 목자시니 내게 부족한 것이 없습니다.

② 다윗은 하나님이 언제나 자신을 돌보신다고 말했어요.
하나님이 양을 푸른 풀밭으로 이끄시듯이 저를 이끌어 주십니다.

③ 다윗은 계속해서 하나님을 찬양하며 높였어요.
하나님은 저의 영혼을 깨우시고 좋은 길로 이끌어 주십니다.
여러분, 다윗을 보세요! 하나님을 온 마음을 다해서 찬양하고 있어요!

④ 다윗은 하나님이 자신을 위험에서 지켜주신다고 고백했어요.
오호! 다윗이 참으로 기특하구나…
하나님이 지팡이와 막대기로 나를 지키시고 보호하십니다.
하나님이 저와 언제나 함께 계시기 때문에 두려워하지 않습니다.

⑤ 다윗은 하나님이 많은 복을 주신 것을 알고 찬양했어요.
하나님이 내게 상을 베풀어 주시고 기름을 부어주셨습니다.

⑥ 다윗은 하나님 집에 영원히 함께 살 것이라 믿었어요.
하나님이 다윗과 언제나 함께하실 테니 하나님 집에서 영원히 살 것입니다.
그래, 내가 너와 영원히 함께할 것이다.

단어 풀이 목자 양을 치는 사람 | 부족 모자라는 것

말씀 배우기

1 하나님을 사랑한 다윗을 생각하며 스티커를 붙여보세요.

2 하나님을 사랑하는 일들은 무엇이 있을지 O표 해보세요.

사랑 고백하기

찬양하기

함께 하기

말씀 다지기

1 내가 하나님께 드리고 싶은 고백에 O표 해보세요.

"하나님은 나의 주인입니다."

"하나님 사랑해요."

"함께 해주셔서 감사해요."

2 빈칸에 알맞은 답을 적어보세요.

1. 다윗은 그 무엇보다도 하나님을 최고로 ☐☐ 한다고 말했어요.
2. 다윗은 ☐☐☐ 이 언제나 자신을 돌보신다고 말했어요.
3. 다윗은 하나님이 자신을 위험에서 지켜주신다고 ☐☐ 했어요.
4. 다윗은 하나님 집에 영원히 함께 살 것이라 ☐☐☐☐.

정답 1. 사랑 2. 하나님 3. 고백 4. 믿었어요

3 하나님을 사랑한 다윗의 고백을 쓰거나 말해보세요.

하나님이 최고에요.

활동하기

1 하나님께 드리는 찬양을 편지지에 쓰고 꾸며보세요.

하나님께

하나님 사랑해요.

올림

말씀 따르기

1. "저는 하나님을 최고로 사랑해요"라고 소리내어 고백해요.
2. 다윗처럼 하나님을 찬양하는 노래를 한 곡 불러요.

기도하기

하나님, ◯◯(이)에게 필요한 모든 것들을 주시고 저와 평생 함께하심을 감사드립니다. 예수님 이름으로 기도합니다. 아멘.

7과 세례 요한, 예수님의 길을 준비하다!

본문말씀 : 마태복음 3장 1절~12절

중심구절 : 나는 너희에게 회개하도록 물로 세례를 준다. 그러나 내 뒤에 오실 분은 나보다 능력이 더 많으신 분이시다. 나는 그 분의 신발을 들고 다닐 자격도 없다. 그 분은 너희에게 성령과 불로 세례를 주실 것이다. (마태복음 3장 11절)

① 많은 사람들은 세례를 받기 위해서 요단강으로 몰려들었어요.
하나님 심판이 무서워~. 세례를 받고 싶어!
회개하고 하나님 나라를 믿겠습니다!

② 물로 세례를 주는 요한은 요단강에서 회개하라고 외쳤어요.
잘못을 반성하세요! 하나님 나라가 가까이 왔습니다! 이리 와서 세례를 받으세요.

③ 사람들은 세례 요한이 하나님의 아들인지 물어봤어요.
아니요! 나는 하나님의 아들을 알려주는 사람일 뿐이요!
당신이 혹시 하나님의 아들인가요?

④ 그 때 예수님이 세례 요한에게 세례를 받게 해달라고 하셨어요.
요한! 하나님 뜻을 이루기 위해 그렇게 해주시오.
무슨 말씀이세요.. 제가 예수님에게 세례를 받아야죠.

⑤ 세례 요한이 예수님에게 세례를 주자 갑자기 하늘에서 소리가 들렸어요.
이는 내가 사랑하는 아들이다. 내가 그를 매우 기뻐한다!

⑥ 세례 요한은 예수님이 하나님 아들인 것을 사람들에게 알려주었어요.
여러분! 예수님은 세상을 구원하실 그리스도입니다!
오~ 주여~

단어 풀이 회개 잘못을 뉘우치는 것(하나님께 돌아가는 것, 하나님을 향하는 것) | 세례 하나님의 자녀가 되는 것

말씀 배우기

1 세례 요한과 예수님을 찾아 스티커를 붙여보세요.

2 알맞은 것에 O표, 알맞지 않은 것에 X표를 해보세요.

세례 요한은

어린 아이

예수님을 알려준 사람

이에요.

세례 요한은

예수님

곰인형

에게 세례를 주셨어요.

세례 요한은

예수님

어린 아이

이 하나님의 아들인 것을 알려주었어요.

말씀 다지기

1 세례 요한이 사람들에게 외친 말을 찾아 O표 해보세요.

하나님 나라가 가까이 왔습니다!

여보세요.

식사하세요.

2 빈칸에 알맞은 답을 적어보세요.

1. 세례 요한은 사람들에게 무엇을 하라고 외쳤습니까? ☐☐ 하라.
2. 예수님은 세례 요한에게 무엇을 해달라고 요청했습니까? ☐☐
3. 세례 요한이 예수님께 세례를 주자 하늘에서 어떤 소리가 들렸습니까?
   이는 내가 ☐☐☐☐ ☐☐ 이다.
4. 세례 요한은 예수님이 누구라고 사람들에게 알렸나요? 하나님의 ☐☐

정답 1. 회개 2. 세례 3. 사랑하는 아들 4. 아들

3 예수님이 세례를 받을 때 하늘에서 어떤 소리가 들렸는지 쓰거나 선생님을 따라서 말해보세요.

이는 내가 사랑하는 아들이다.

활동하기

1 세례를 주는 요한을 색칠해보세요.

말씀 따르기

1. 예수님은 하나님의 아들이라고 옆 친구에게 말해보세요.
2. 세례 받을 준비를 해요. (전도사님 혹은 목사님께 말씀드려요.)

기도하기

하나님, ◯◯(이)도 세례 요한처럼 하나님 나라를 알리고 예수님을 주님이라고 고백하는 사람이 되겠습니다. 예수님 이름으로 기도합니다. 아멘.

8과 백부장, 최고의 믿음으로 칭찬받다!

본문말씀 : 누가복음 7장 1절~10절

중심구절 : 예수께서는 이 말을 듣고 백부장을 놀랍게 여겨 돌아서서 따라오던 사람들에게 말씀하셨습니다. "내가 너희에게 말한다. 이스라엘에서도 이렇게 큰 믿음을 본 적이 없다." (누가복음 7장 9절)

① 믿음이 좋은 백부장의 종이 병들어 죽어가고 있었어요.
주…인…님… 이제 저…는… 주… 죽을 것 같아요….
안 돼! 죽으면 안 돼! 흑흑흑…
② 예수님의 소문을 듣게 된 백부장은 장로들을 보내어 병을 고쳐달라고 부탁했어요.
장로님, 예수님께 종의 병을 고쳐달라고 부탁드려주세요!
네, 예수님을 찾아가서 부탁드려보겠습니다. 걱정 마세요!
③ 예수님을 찾아간 장로들은 백부장의 말을 전했어요.
예수님, 백부장의 종이 큰 병에 걸려 죽을 것 같습니다. 살려주세요!
백부장은 교회도 지어준 착한 사람입니다. 도와주십시오!
④ 백부장은 예수님이 집으로 오신다는 말을 듣고 친구를 보내어 말씀을 전했어요.
예수님 말씀은 능력이 있는걸 나는 믿네. 그러니 이곳까지 오시지 말고 말씀만 하셔도 된다고 전해 주게.
⑤ 예수님은 백부장이 큰 믿음을 가진 사람이라고 사람들에게 칭찬하셨어요.
백부장이 말하기를 주님이 집에 안 오셔도 된답니다. 그저 말씀만 해 주시면 종이 나을 줄로 믿는답니다.
오! 이스라엘에서 이렇게 큰 믿음을 가진 사람을 본 적이 없구나.
⑥ 백부장이 보냈던 사람들이 집으로 돌아가서 보니 병든 종이 깨끗하게 나아 있었어요.
오~ 주님! 감사합니다. 주님이 종을 낫게 하셨습니다. 감사합니다!
아…아니? 종의 병이 깨끗하게 나았네?

단어 풀이 **백부장** 군인 장교 | **이스라엘** 예수님이 태어난 나라

말씀 배우기

1 예수님과 백부장이 한 말을 찾아 스티커를 붙여보세요.

2 백부장은 무엇으로 칭찬을 받았는지 따라 써보세요.

믿	음

말씀 다지기

1 예수님이 집에 가까이 오시자 백부장이 한 말을 찾아 O표 해보세요.

"살려주세요."

"말씀만 하셔도 됩니다."

"오지 마세요."

2 빈칸에 알맞은 답을 적어보세요.

1. 백부장은 장로들을 예수님께 보내어 어떤 부탁을 했나요? ☐ 을 고쳐달라는 부탁
2. 장로들은 백부장을 어떤 사람이라고 하였나요? 교회도 지어준 ☐☐ 사람
3. 백부장은 예수님이 무엇을 해주시면 종이 나을 줄로 믿었나요? ☐☐
4. 예수님은 백부장을 뭐라고 칭찬하셨나요? ☐ ☐☐ 을 가진 사람

정답 1. 종 2. 착한 3. 말씀 4. 큰 믿음

3 예수님이 백부장을 뭐라고 칭찬하셨는지 쓰거나 선생님을 따라서 말해보세요.

이렇게 큰 믿음을 가진 사람을 본 적이 없구나!

활동하기

1 장로와 함께 예수님을 찾아가보세요.

말씀 따르기

1. 나의 믿음이 커지기 위해서 나는 무엇을 할 수 있을지 생각해 보고 선생님과 이야기해 봐요.
2. 주위에 아픈 사람이 있다면 그 사람의 이름을 적어보고 주님께 고쳐달라고 함께 기도해요.

기도하기

하나님, ( )( )(이)도 백부장처럼 큰 믿음을 가진 사람이 되게 해주세요. 예수님 이름으로 기도합니다. 아멘.

9과 베드로, 믿음을 고백하다!

본문말씀 : 마태복음 16장 13절~20절
중심구절 : 시몬 베드로가 대답했습니다. "주는 그리스도이시며 살아 계신 하나님의 아들이십니다." (마태복음 16장 16절).

① 수 많은 사람들이 기적을 나타내시는 예수님을 따라다녔어요.
예수님이 병든 사람들을 고쳐주셨어!
그럼! 예수님은 먹을 것도 주시는 사랑이 많으신 분이야.

② 하지만 그들 중에는 예수님이 누구신지 아는 사람이 없었어요.
그런데 예수님이 어떤 분이시지? 세례 요한이야?
나도 몰라. 능력 있는 마술사 아니야? 선지자인가…?

③ 어느 날, 예수님이 제자들에게 자신이 누구인지 물으셨어요.
세례 요한이라고 합니다.
그리고 엘리야 선지자라고 부르기도 합니다.
사람들이 나를 누구라고 하느냐?

④ 그때 베드로가 예수님이 누구신지 믿음으로 자신 있게 고백했어요.
너희는 나를 누구라 하느냐?
주님은 그리스도이시며 살아 계신 하나님의 아들이십니다!

⑤ 예수님은 베드로를 칭찬해 주셨어요.
감사합니다, 예수님!
베드로가 참 복이 있다. 하나님이 이것을 알게 하셨구나.

⑥ 베드로와 제자들은 예수님이 누구신지 분명히 알았어요.
그럼, 예수님은 죄인들을 구원하기 위하여 이 땅에 오신 그리스도야.
아하! 예수님은 하나님의 아들이시구나~.

단어 풀이 시몬 베드로 예수님의 제자 | 그리스도 구원하시는 분

점선을 따라 살짝 접은 후 잡아당겨 주세요.

풀칠하는 곳

믿음으로 고백해요. 믿음으로 고백해요. 믿음으로 고백해요. 믿음으로 고백해요.

Microphone of Faith

풀칠하는 곳

풀칠하는 곳

말씀 배우기

1 베드로와 예수님을 찾아 스티커를 붙여보세요.

베드로

예수님

말씀 다지기

1 빈칸에 알맞은 답을 적어보세요.

1. 많은 사람들은 기적을 나타내시는 ☐☐☐ 을 따라다녔어요.
2. 베드로는 예수님이 누구신지 ☐☐ 으로 고백했어요.
3. 베드로는 "주는 ☐☐☐☐ 시며, 살아계신 하나님의 ☐☐ " 이라고 말했어요.
4. 예수님은 베드로를 ☐☐ 해주셨어요.
5. ☐☐☐ 는 예수님이 누구인지 분명히 알았어요.

정답 1. 예수님 2. 믿음 3. 그리스도, 아들 4. 칭찬 5. 베드로

말씀 따르기

1. 믿음의 마이크를 만들어서 베드로가 고백한 믿음의 고백을 직접 해 보세요.
2. 집에 가서 믿음의 고백을 핸드폰을 사용해서 음성으로 녹음해 보고 선생님께 보내드려요.

기도하기

하나님, ◯◯ (이)도 베드로처럼 예수님을 그리스도라고 말할 수 있는 믿음을 주세요. 예수님 이름으로 기도합니다. 아멘.

10과 예수님, 죽은 사람을 살리시다!

본문말씀 : 마가복음 5장 21절~43절
중심구절 : 그러자 곧 아이가 일어나더니 걸어 다녔습니다. 이 소녀는 열두 살이었습니다. 이 일을 본 사람들은 몹시 놀랐습니다.(마가복음 5장 42절)

① 야이로 목사님에게는 예쁜 외동딸이 있었는데 갑자기 죽어가고 있었어요.
사랑하는 딸아, 죽으면 안 된다! 죽으면 안돼! 엉엉엉….
여보! 아이가 죽어가니 어쩌면 좋아요! 흑흑흑….
② 야이로 목사님은 예수님 발 앞에 엎드려 외동딸을 살려달라고 부탁했어요.
예수님! 예수님! 딸아이를 살려주세요! 제발 살려주세요.
오! 참으로 안타까운 일이구나! 그래, 어서 집으로 가자.
③ 예수님이 집에 도착했을 때 딸은 이미 죽었고 사람들은 슬퍼서 울고 있었어요.
여보… 우리 딸이… 죽었어요. 흐흑흐흑.
오… 이런… 예수님을 모시고 왔는데…
④ 예수님은 죽은 아이의 손을 잡고 일어나라고 말씀하셨어요.
달리다굼! 소녀야, 일어나라!
⑤ 그러자 아이가 일어나더니 방 안을 걸어 다녔어요. 예수님이 다시 살리셨어요.
죽었던 아이가 다…다시 살아났어요!
아…아니…. 저럴 수가?
⑥ 예수님은 사람들에게 이 일을 아무에게도 알리지 말라고 말씀하셨어요.
네, 예수님!
아이에게 먹을 것을 주어라. 그리고 아무에게도 알리지 마라!

단어 풀이 소녀 어린 여자아이 | 외동딸 딸이 한 명만 있는 경우

말씀 배우기

1 예수님이 일어나라고 말씀하시자 어떻게 되었는지 스티커를 붙여보세요.

2 아이가 살아날 때 예수님이 뭐라고 기도하셨는지 점선을 따라 써보세요.

달	리	다	굼

소녀야, 일어나라!

말씀 다지기

1 **아픈 딸을 위해 야이로 목사님이 한 일은 무엇인지 O표 해보세요.**

화를 냈어요.

예수님께 부탁했어요.

약을 먹였어요.

2 **빈칸에 알맞은 답을 적어보세요.**

1. 야이로 목사님의 가족 중 누가 아팠나요? ☐☐☐
2. 야이로 목사님은 아픈 딸을 위해 누구를 찾아갔나요? ☐☐☐
3. 예수님이 야이로의 집에 도착했을 때 딸은 어떻게 되었나요? ☐☐☐☐.
4. 예수님은 죽은 아이의 손을 잡고 뭐라고 말씀하셨나요? 소녀야, ☐☐☐☐.
5. 예수님이 말씀하시자 소녀는 어떻게 되었나요? 다시 ☐☐☐☐☐.

정답 1. 외동딸 2. 예수님 3. 죽었어요. 4. 일어나라 5. 살아났어요.

3 **죽은 아이에게 예수님이 뭐라고 말씀하셨는지 쓰거나 선생님을 따라서 말해보세요.**

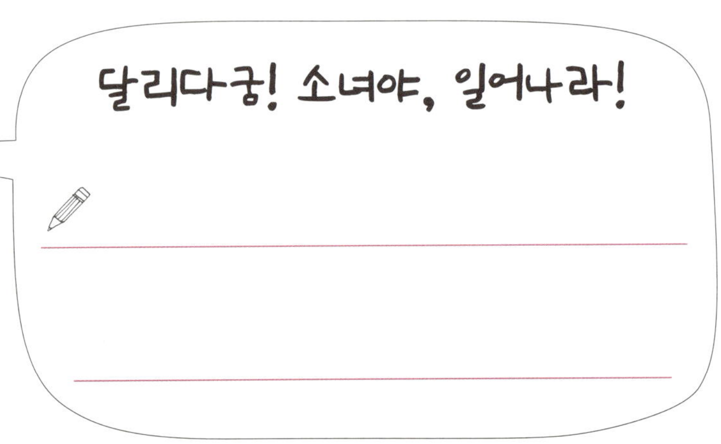
달리다굼! 소녀야, 일어나라!

활동하기

1 살아난 아이를 색칠해보세요.

말씀 따르기

1. 우리 반에 아픈 사람이 있다면 함께 모여 그 사람을 위해서 기도하는 시간을 가져요.
2. 한 주 동안 아픈 사람에게 안부 문자를 보내요.

기도하기

하나님, ◯◯(이)의 몸과 마음도 아픈 곳이 있다면 치료해 주세요. 예수님 이름으로 기도합니다. 아멘.

11과 마리아, 말씀을 즐거워하다!

본문말씀 : 누가복음 10장 38~42절

중심구절 : 마르다에게는 마리아라는 동생이 있었습니다. 그 동생은 주의 발 앞에 앉아 예수께서 하시는 말씀을 듣고 있었습니다. (누가복음 10장 39절)

1 마르다와 동생 마리아는 일하면서 예수님에 대한 이야기를 했어요.
마리아야! 예수님이 참 멋지시다던데.... 정말이야?
그럼, 인기 많지! 게다가 말씀은 얼마나 좋은데~

2 어느 날, 마르다와 마리아는 베다니에 오신 예수님을 집으로 초대했어요.
고맙구나, 마르다와 마리아야!
예수님! 저의 집에 와 주셔서 감사합니다!

3 마르다는 음식을 만들고 있었지만 마리아는 예수님 발 앞에 앉아 말씀을 들었어요.
어휴~. 음식 만드는 것이 힘든데 마리아는 도와주지 않고 뭐하고 있는 거야?
예수님! 저는요 예수님 말씀이 너~무 좋아요! 호호호...

4 마르다는 음식 만드는 일을 마리아가 도와주게 해달라고 예수님께 부탁했어요.
예수님! 마리아에게 저를 도와주라고 말씀해 주세요! 저만 일을 해서 너무 힘들단 말이에요!

5 예수님은 마르다와 마리아에게 꼭 필요한 것이 무엇인지 가르쳐 주셨어요.
마르다야, 너는 많은 일을 하며 염려하고 있구나. 마리아는 대접하는 것보다 더 중요한 하나님 말씀을 듣는 것을 선택한 것이란다.
말씀 듣는 게 더 중요한 거라고요?

6 마리아는 하나님 말씀을 가장 사랑하며 듣는 것을 매우 즐거워했어요.
너는 하나님 말씀을 듣는 것이 그렇게 좋아?
그럼~ 나는 하나님 말씀을 들을 때가 제일 행복해!

단어 풀이 주 예수님

말씀 배우기

1 마리아와 마르다가 한 일을 찾아 스티커를 붙여보세요.

마르다

마리아

2 예수님은 누구의 행동을 더 기뻐하셨나요?

마	리	아

말씀 다지기

1 마리아가 무슨 일을 가장 기뻐했는지 선을 그어보세요.

마리아

- 요리하기
- 말씀듣기
- TV보기

2 빈칸에 알맞은 답을 적어보세요.

1. 예수님을 집에 초대한 사람은 누구와 누구인가요? □□□ 와 □□□
2. 마르다와 마리아 중에서 하나님 말씀을 듣는 것을 선택한 사람은 누구인가요? □□□
3. 마르다는 예수님께 무엇을 부탁했나요? 예수님, 마리아에게 저를 □□□□ 고 말씀해주세요.
4. 예수님은 마리아가 무엇을 선택했다고 칭찬해주셨나요? □□□ □□ 을 듣는 것

정답 1. 마르다, 마리아 2. 마리아 3. 도와주라 4. 하나님 말씀

3 예수님이 무엇이 중요하다고 말씀하셨는지 쓰거나 선생님을 따라서 말해보세요.

하나님 말씀 듣는 것이 더 중요하다.

활동하기

1 점을 이어 성경책을 완성해보세요.

말씀 따르기

1. 이번 주에 성경을 매일 5줄씩 읽어보고 다음 주에 선생님께 칭찬받아요.
2. 내가 교회에서 가장 즐겁게 하는 일은 무엇인지 생각해보고 친구들과 함께 이야기해 보세요.

기도하기

하나님, ◯◯(이)도 마리아처럼 하나님 말씀 듣는 것을 사랑하고 기뻐하는 사람이 되겠습니다. 예수님 이름으로 기도합니다. 아멘.

12과 빌레몬과 오네시모, 형제가 되다!

본문말씀 : 빌레몬 1장 1절~25절

중심구절 : 이제부터는 그가 더 이상 종과 같지 않고 종 이상, 곧 사랑하는 형제 같은 사람입니다.(빌레몬 1장 16절)

① 빌레몬의 노예인 오네시모는 어느날 주인의 물건을 훔쳐 달아났어요.
주인님이 못 봤겠지? 얼른 도망가야지!

② 물건을 훔쳐서 감옥에 갇힌 오네시모는 바울 목사님을 만나고 예수님을 믿게 되었어요.
오네시모! 참 잘했소. 하나님의 사람이 된 것을 축하드립니다!
바울 목사님, 이제부터 나쁜 짓을 안 하고 예수님을 따르겠습니다.

③ 바울 목사님은 빌레몬 주인에게 편지를 써서 오네시모를 돌려보냈어요.
오네시모가 전에는 나빴지만 지금은 좋은 사람이 되었습니다. 그러니 잘 돌봐주시기 바랍니다.

④ 빌레몬 주인은 바울 목사님의 부탁을 받고 오네시모를 형제로 맞이했어요.
오네시모! 이제부터 당신은 나의 노예가 아닙니다. 나의 형제입니다!
오, 주인님! 저의 죄를 용서해 주시니…. 정말 감사합니다!

⑤ 오네시모는 빌레몬과 함께 예수님의 복음을 열심히 전했어요.
이제 나와 함께 사람들에게 예수님의 복음을 전합시다!
네, 저도 예수님을 전하겠습니다.

⑥ 빌레몬과 오네시모는 예수님의 사랑 때문에 서로 사랑하는 형제가 되었어요.
빌레몬 형님과 함께 예수님을 전하게 되어 너무 기쁩니다.
오네시모, 우리가 형제가 된 것은 다 예수님의 사랑 덕분이네~

단어 풀이 종 노예 | 형제 형과 동생

말씀 배우기

1 **오네시모의 변화된 모습을 스티커로 붙여보세요.**

변화되기 전

변화된 후

2 **예수님의 사랑으로 오네시모와 빌레몬의 관계가 어떻게 변화되었나요?**

종 → 형제

말씀 다지기

1 오네시모가 변화된 이유를 찾아 O표 해보세요.

감옥에서 혼나서

예수님을 믿어서

빌레몬이 시켜서

2 빈칸에 알맞은 답을 적어보세요.

1. 오네시모가 감옥에 왜 갔나요? 빌레몬의 물건을 □□□
2. 오네시모는 감옥에서 누구를 만났나요? □□ □□□
3. 바울 목사님은 오네시모를 누구에게 다시 돌려보냈나요? □□□
4. 빌레몬은 바울 목사님의 편지를 받고 오네시모를 어떻게 맞이했나요? □□로 맞이함.
5. 빌레몬과 오네시모는 함께 어떤 일을 했나요? 예수님의 □□을 전했어요.

정답 1. 훔쳐서 2. 바울 목사님 3. 빌레몬 4. 형제 5. 복음

3 빌레몬이 한 말을 쓰거나 선생님을 따라서 말해보세요.

당신은 이제 나의 형제입니다.

활동하기

1 복음을 전하는 빌레몬과 오네시모를 색칠해보세요.

말씀 따르기

1. 나에게 잘못을 한 친구를 용서해 줘요.
2. 친구들에게 예수님의 이야기를 해줘요.

기도하기

하나님, ◯◯(이)가 친구를 사랑하고 ◯◯(이)에게 잘못한 사람도 용서하는 마음을 갖게 해 주세요. 예수님 이름으로 기도합니다. 아멘.

13과 스데반, 복음을 전하다 죽다!

본문말씀 : 사도행전 7장 54절~60절

중심구절 : 그러고 나서 스데반은 무릎을 꿇고 큰 소리로 "주여, 이 죄를 저 사람들에게 돌리지 마소서!"라고 외쳤습니다. 이 말을 끝낸 후 그는 잠들었습니다. (사도행전 7장 60절)

① 성령이 충만한 스데반은 많은 사람들에게 복음을 전했어요.
어? 무슨 소리 하는거야?
여러분! 죄를 회개하세요! 그리고 예수님을 믿으세요!

② 하나님이 스데반에게 하나님 오른편에 서 계신 예수님을 보게 하셨어요.
여러분! 하늘이 열린 것을 보세요! 예수님이 하나님의 오른편에 서 계십니다!

③ 스데반은 자신이 본 것을 크게 외치자 사람들이 소리 지르며 화를 내었어요.
정신나간 녀석! 하나님을 욕하다니!
스데반을 돌로 쳐 죽입시다!

④ 사울과 많은 사람들은 스데반을 성 밖으로 끌어내어 돌을 던졌어요.
너 같은 녀석은 죽어야돼! 에잇!
스데반을 죽여라! 스데반을 죽여라! 스데반을 죽여라!

⑤ 스데반은 돌에 맞아 죽어가면서도 예수님께 큰 소리로 기도했어요.
스데반을 죽여라! 스데반을 죽여라!
주여! 저 사람들을 용서해주세요! 예수님, 나를 받아주세요!

⑥ 스데반은 끝까지 복음을 전하다 사람들이 던진 돌에 맞아 죽었어요.
예…예수는…하나…님의… 아들이십니다!

단어 풀이 순교 복음을 전하다 죽는 것

말씀 배우기

1 스데반과 예수님을 찾아 스티커를 붙여보세요.

예수님

스데반

2 성령이 충만하여 복음을 전한 영웅의 이름을 따라 써보세요.

스	데	반

말씀 다지기

1 빈칸에 알맞은 답을 적어보세요.

1. 스데반은 누구에 대해서 이야기 했나요? ☐☐☐
2. 스데반은 하늘에서 무엇을 보았나요? ☐☐☐ 과 ☐☐☐
3. 사람들이 스데반을 어떻게 죽였나요? ☐ 을 던져서
4. 스데반은 죽으면서 무엇을 기도했나요? 사람들을 ☐☐ 해 달라고
5. 스데반은 끝까지 무엇을 전하다 죽었나요? ☐☐

정답 1. 예수님 2. 하나님, 예수님 3. 돌 4. 용서 5. 복음

2 스데반이 끝까지 전한 말을 쓰거나 선생님을 따라서 말해보세요.

예수님은 하나님의 아들이십니다.

____

____

말씀 따르기

1. 공과시간에 만든 복음 이야기를 집에서 가족들에게 다시 이야기 해 봐요.
2. 다른 나라에서 복음을 전하는 선교사님들을 위해서 기도해요.

기도하기

하나님, ◯◯(이)도 스데반처럼 예수님을 용기있게 전하게 해주세요. 예수님 이름으로 기도합니다. 아멘

점선을 따라 살짝 접은 후 잡아당겨 주세요.

······ 안으로 접는 선

—·— 바깥으로 접는 선

1

우리는 이제
새사람이 되었어요.

10

자르는선

3

그래서 우리 죄가
용서받고 깨끗해졌어요.

8

자르는선

5

우리를 위해 예수님이
십자가에서 피 흘리며
돌아가셨어요.

6

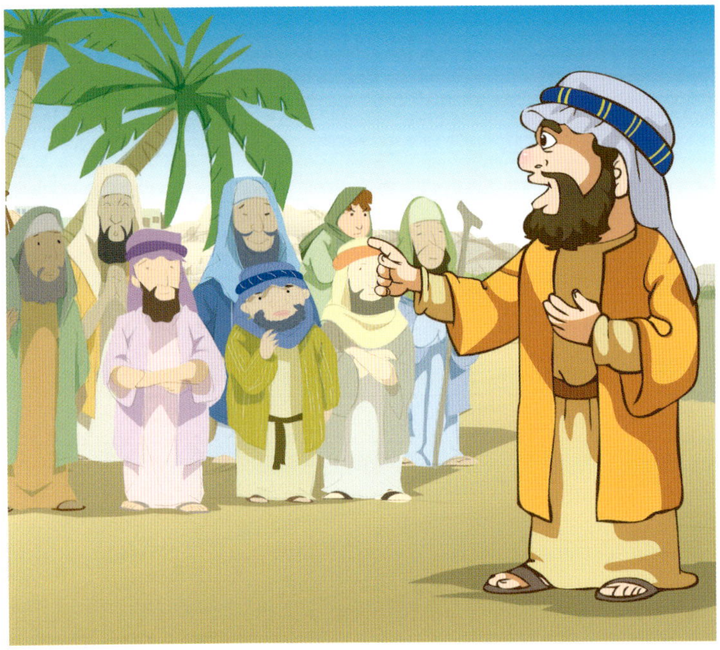

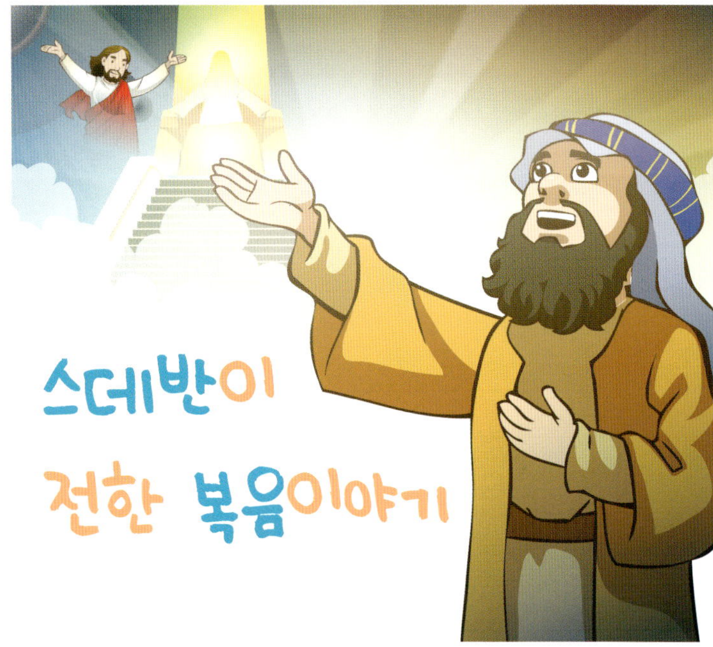
스데반이
전한 복음이야기

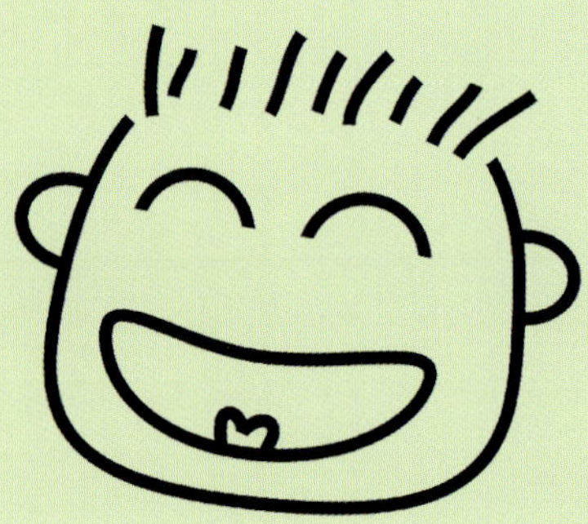

9

하나님이 우리를
아름답게 만드셨어요.

2

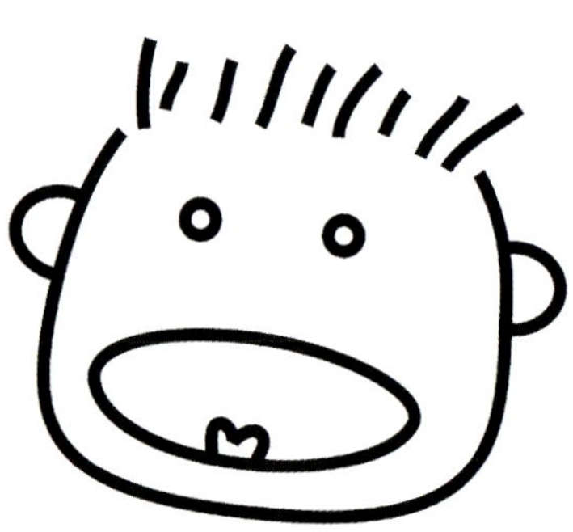

7

하지만 우리는 죄를
지어서 더러워 졌어요.

4

세상에서 가장 재미있는 갓스토리

첫 번째 이야기

영웅

STICKER 1

하나님을 향한 믿음, 순종, 사랑으로
민족과 영혼을 구한 멋진 영웅들의 이야기!

하나님,
우리를
구해주세요!

사랑

큰 믿음을
가진 사람을
본 적이 없다.

세상에서 가장 재미있는 갓스토리

첫 번째 이야기

영웅

STICKER 2

하나님을 향한 믿음, 순종, 사랑으로
민족과 영혼을 구한 멋진 영웅들의 이야기!

하나님,
도와주세요!

하나님을
사랑해요♡

말씀만 하셔도
됩니다.

소녀야,
일어나라!